MW01715618

...othèque

circulation après la lecture.

Merci !

ODACE ÉVÉNEMENTS
1012 EST, AVENUE DU MONT-ROYAL
BUREAU 101
MONTRÉAL (QUÉBEC) H2J 1X6

# Ni le jour ni la nuit

poésie

**Données de catalogage avant publication (Canada)**

LaRochelle, Luc, 1947-
Ni le jour, ni la nuit
Poèmes.

ISBN 2-89031-514-2

I. Titre.

PS8573.A716N52 2004 C841'.54 C2004-941295-7
PS9573.A716N52 2004

Nous remercions le Conseil des Arts du Canada ainsi que la Société de développement des entreprises culturelles du Québec de l'aide apportée à notre programme de publication. Nous reconnaissons également l'aide financière du gouvernement du Canada par l'entremise du Programme d'aide au développement de l'industrie de l'édition (PADIÉ) pour nos activités d'édition. Gouvernement du Québec – Programme de crédit d'impôt pour l'édition de livres – Gestion SODEC

---

Mise en pages : Sophie Jaillot
Maquette de la couverture : Raymond Martin
Illustration : Richard-Max Tremblay, Soubresaut # 85, 1995, Huile sur photographie, 36.5 x 42.5 cm.

DISTRIBUTION :

**Canada**
Dimedia
539, boul. Lebeau
Saint-Laurent (Québec)
H4N 1S2
Tél. : (514) 336-3941
Téléc. : (514) 331-3916
general@dimedia.qc.ca

**Europe francophone**
Librairie du Québec / D.N.M.
30, rue Gay Lussac
75005 Paris
France
Tél. : (1) 43 54 49 02
Téléc. : (1) 43 54 39 15
liquebec@noos.fr

Dépôt légal : B.N.Q. et B.N.C., 3e trimestre 2004
Imprimé au Canada

© Copyright 2004

Les éditions Triptyque
2200, rue Marie-Anne Est
Montréal (Québec) H2H 1N1
Tél. et téléc. : (514) 597-1666
Courriel : triptyque@editiontriptyque.com
Site Internet : www.triptyque.qc.ca

Luc LaRochelle

# Ni le jour ni la nuit

poésie

Triptyque

*Comme c'est nous qui fabriquons notre enfer,*
*nous devrions certainement nous y plaire.*

Lettre d'Ernest Hemingway à F. Scott Fitzgerald,
septembre 1926

## CAHIER UN

# *Nulle part où aller*

ce n'est ni le jour ni la nuit
quand la lumière de midi fabrique des ombres
que l'heure de rentrer n'étire pas
quand le désir s'accommode de remises
à plus tard
quand le sommeil n'endort que le regret
de ne pas faire autrement

ce n'est que la cadence de l'ennui
la revanche que prend le temps d'après
sur le temps d'aimer

je croyais m'installer
encrypter mes amours
dans la chair des mots

je me suis acharné
pour rien
suis entré dans une rémission futile
ces mots-là n'étaient
qu'un accoudoir piégé

un saccage parfait

le cercle de feu s'est refermé sur nous
pendant que les enfants dansaient sous la pluie

des hommes aux lèvres brûlées
montaient vainement la garde
alors que les femmes couraient vers la mer

un phare en ruine
au milieu d'une plaine aride
rappelle que l'eau
quand elle manque
éteint les regards les plus insistants

elles ont levé les mains vers le ciel
les hommes n'ont pas vu
que l'avenir était écrit dedans

quand elles sont montées dans une barque
et ont pris le large
les hommes ont salué
de leurs mains ouvertes
levées vers le ciel

ils se regardent maintenant dans les yeux
serrent les poings
et meurent sans raison

au matin
tu soulevas les hanches
prias Dieu de revenir une autre fois
et tiras la chasse d'eau

ta vulve sur un plateau
avait un goût de cendre

aux rides
sur ton ventre
j'aurais dû savoir
que tu aimais la guerre

sans égard au matin qui se lève
à l'air gai que tu fredonnes
le vent souffle
renverse la tasse
et répand l'averse

un élancement soudain
la vision qui se brouille
le rythme changeant du souffle
qui s'essouffle

l'allure fuyante
des mensonges familiers

j'ai retenu le geste
lancé le défi
fait semblant de rire

la saison de la chasse
ouverte ce matin

des coups de feu
dans la montagne

tu as trempé la langue
dans le sang de la bête

qui a souri ?

des amours éclopées
des coquetteries sans conséquence

si tu as perdu
c'est que tu as joué
dit-elle

les orbites creuses
des fantômes empalés
sur les pics enneigés

du silence

acceptez, dites-vous
cette géographie de l'usure
millésime imposé d'office
matricule tatoué sur le front

fuyez, dites-vous
acrobate éreinté
qui ne craignez plus
les postures intenables
il ne faut pas tenir son bout
comme un trophée

plus moyen de chanter, dites-vous
il faudrait le sang chaud
la poitrine qui suinte
du souffle à revendre
et des arias de feu
sur des émois profonds

rassurez-vous
je pars

il a plu tard dans la nuit
j'attends quelqu'un
je ne fais que cela
attendre
les rides sur son visage, ses sourcils noirs
ses cheveux blancs
j'attends

à la longue, une fatigue
on voudrait penser à autre chose
faire autrement qu'attendre
occuper ses dix doigts sinon ses deux mains
serrer un objet, le casser peut-être

ou regarder dehors
derrière la maison, pas devant
pour ne pas être pris en flagrant délit d'attente
voir le brouillard gagner du terrain
envahir le quartier
étouffer la ville

débarqué depuis peu
dans ce pays de pluie
j'ouvre les yeux
sur un matin pesant

effets imprévus
des alcools de canne
faut-il invoquer
des excuses faciles
ou des dieux inconnus

les eaux brunes du delta
les tiges étriquées des grandes fleurs orangées

ne pas rechercher l'odeur des fruits
pour retrouver le goût
des femmes sans paroles

un château ocre et blanc
au tournant de la rivière
des cheveux d'anges
pendent au brouillard
l'odeur du parc après la pluie

une barque vide
le cillement de l'attente
quelques hommes qui ne regardent pas

on danse sans musique
dans le pavillon sur l'autre rive

l'hiver se fait mal attendre
ce n'est plus la peine qui afflige
mais le désaccord des dieux

une main gercée écarte le rideau
la pluie a éteint l'incendie
chassé les curieux

c'est à nouveau dimanche
quinze heures

l'odeur de tes cheveux mouillés
m'aurait épargné la soif

ne parle pas
ne parle plus
avant que la lumière de midi
n'éclaire les restes
du repas d'hier

tu as dit
ce n'est pas la lumière
qui aveugle
mais le silence
qui effraie

je recense les odeurs du matin

elle dit
je n'ai pas écrit la musique
je n'ai dansé que quelques pas
chanté les premiers mots
il ne faut pas me blâmer
d'avoir raté ma vie
la basse accompagne si mal
les voix claires

le public applaudit
elle s'effondre
un homme bien mis lance une fleur
puis une autre

toutes ces tiges
feront-elles un bouquet?

sans cesse
tu reprends à ton compte
les bêtes habitudes
l'ardeur inutile

sans cesse
tu affrontes avec aplomb
les mensonges flagrants
les défaites prévisibles

sans cesse
tu refais à ta manière
la trame fragile
les gestes éprouvés

sans cesse
tu épuises pour mémoire
le désarroi du souffle
le voyage des mains

sans y croire

les arbres alignés d'une pinède neuve

en contrebas un lac laiteux

quelqu'un rame
dans une chaloupe rouge
les avirons heurtent des poissons affolés
des bruits étranges voyagent en sourdine
d'une rive à l'autre

je m'éveille au cri de la chouette

un écrasement sans fracas
un orage sans pluie ni foudre

ce n'est pas une catastrophe
mais un injuste retour des choses

condamné
à une noirceur épaisse
à une chaleur étouffante
le front de mer suinte et se dissout

la chemise collée au dos
comme un paria en Guyane
j'attends un improbable sursis

reviens à cette manière de dire
les circonstances atténuantes
le pardon hésitant

du bout des lèvres
les yeux fermés
balbutie encore mon nom

une odeur qui surprend
vous tournez la tête
croyant reconnaître
un signe
ou le reste
d'un élan passager
qui accaparait votre mémoire
il y a si peu de temps

mais on ne demande pas
au premier venu
de nous suivre

alors on se fait prier
pour dire à quoi l'on pense

une voisine aux cheveux roux
morte le mois dernier
aimait parler de voyages

ta main a suivi le tracé
d'une cicatrice ancienne

partir ailleurs
faire autrement
sauver sa peau
et son âme

si possible

le masque noir que tu portes
cache mal la pâleur de ton sourire

si je ne peux rien aux sinistres
qui reviennent hanter tes yeux
laisse-moi répéter une promesse

il y a aussi la contre-nuit
toute en teintes de gris

un brouillard épais recouvre les Dardanelles
sur les collines pierreuses
persiste l'écho d'un adagio pesant

et ce halo bleu
mausolée de la bêtise

pour faire de tout cela un deuil
il faudrait donner de la tête
contre le monde

je crie !
des gens se retournent
soupirent
« tous les souvenirs se valent »

une boussole
devant un miroir
éparpille à l'envers
des points morts

on a grimacé
le vent a tourné
des hommes ont eu peur
d'eux-mêmes

un vieux platane
et un vieux nègre
montent une garde inutile
devant la grille rouillée
d'un manoir en ruine

ici
il fait chaud
il ne fait que cela

ne fais pas attention à lui
il n'a dans la tête
que des présages rouges
des torrents de mots troublent ses yeux

mais peut-être
dans les plissures de sa raison
a-t-il une excuse

regardant derrière lui
il dit
j'y ai trouvé mon compte
et perdu au change

prenant ainsi la mesure de son exil

au deuxième octave
dit de l'âme
il y a le basson
au timbre fait pour les mauvais jours

ce doit être l'automne
les chaises de l'étang ne trouvent pas preneur
ce doit être une autre ville
les jardins déserts ont des allées droites
aux graviers résonnants

l'allée sombre
les peupliers fantômes
souviens-toi de la bruine
voilure suspendue
sur les fougères effondrées

je voulais pourtant te servir le monde
sur une nappe rouge

on comprend si tard
qu'on n'a pas eu une enfance
bien différente de celle des autres
des maisons de Barbie
des dinky toys et des meccanos
des habits de Zorro et de curé
traînent dans tous les sous-sols de banlieue
avec les vagues souvenirs
de partys de fête ratés
et ceux, plus précis
des reproches des parents

j'aurais voulu qu'on me parle
plus doucement

à mesure que la voix se réchauffe

les mots s'installent sur les notes
les bras comme une portée
tendue vers la lumière
touchent le fond des yeux

une robe écarlate
et puis une autre
noire

tu retiens
fragile
un souffle
un sanglot
ma peur

tu as répété des syllabes dures
qui s'empêtraient sans former de mots

j'aurais mieux reçu
en plein visage
le revers de ta main

aucune échelle pour mesurer
le tremblement de nos lèvres

## CAHIER DEUX

# *Temporary Blindness*

nowhere
near the anger

leaving fast
taking turns
at staring ahead

later
swallowing the air
through half open
mouth and windows
an eye caught
at the last moment
by recollections of a hung over memory
pink neon
rusted railings
and startled black woman

or reminiscing better times
plastic seat covers
sticky skin
Sunday afternoon drives
mid summer scent
maple ice cream
for us all

fill her up he said
I need a drink badly
said Sally

nowhere near the anger

occasionally
you stared at the car
outside
thinking I suppose
you could leave

deceit
and perverse conceptions
resolutely confronted

as a tree fell
you ran away

you had spoken loud and clear
forgetting only
the forwarding address
for your lover's mail

later
I started building a wall
around this place
a barrier
against the return of foolish hopes

you can have all the chances
in the world
provided we share
for once
the shade of the orange sunflower
you planted in the Spring

angry words
thrown across the table
disturbing the quiet smell
of morning coffee

speckles of rain
hiding the view of the lake
and the hills
behind

and you gone
before the ten o'clock news

should I eat the breakfast
you didn't touch ?

*inquiry into Sylvia's affairs*

should have know better
than ask a seated woman
serious questions
about the weather in Africa
that Summer

the only help with my erection
is a fat girl with pimples
in the far corner of the room
I ask myself
if she will take off her shoes

as an elegant sunset
concludes the day
I flush the toilet
and go to bed
with a cloud on my mind

nobody should challenge
the wisdom of an old accomplice
as to the relevance of such matters
I lie, on my back or otherwise
for any truth has long escaped me

# CAHIER TROIS

## *Les jours parlent d'eux-mêmes*

*tonalités*

le conteur demande un répit
fait le décompte de son auditoire
et sort de scène
en hurlant des mots obscènes

le crieur reprend son souffle
regarde les gens attroupés
et se sauve
en murmurant des mots doux

comme quoi il faut du temps
pour trouver les mots

*zoo mort*

avoir une fin de loup
ou mourir comme un chien abandonné
dans la pénombre du petit matin
dans un râle
à vous donner la chair de poule

*mauvais signes*

tu portais hier
une chemise grise
des yeux éteints
les lèvres serrées

tu portais hier
un collier de colère
des phrases courtes
des gestes courts
le souffle court

une corde au cou

et puis nom de Dieu
des cieux barbouillés
du mieux qu'on a pu
avec les mains nues

on n'a récolté que des échardes
corrodées par l'ennui
pas d'excuses ni de manières

si je rampe
jusqu'à la borne que voici
c'est pour m'assurer
que vous êtes encore là

ne partez pas

sous la pluie de décembre
qui hésite à tourner au blanc
un chien noir saute
autour d'un homme fatigué

dans la rue
une odeur de choux
vous prend à la gorge
comme une mauvaise étreinte

et vous marchez jusqu'à en oublier l'heure
le jour et la saison

de quelle couleur sera Noël ?

écarter les ombres
ignorer les rides des mots

ailleurs
une porte s'ouvre
sur la cadence inespérée
du temps chaud

où sommes-nous ?

un propos vague
disjoint à ses deux bouts
par une grimace vilaine
calque inversé d'un sourire naïf

emprunt à l'erreur commise jadis

quand tu voyais clair

un pays fleuri        sans fleurs
ses mandarins en fuite
quelques efforts sans suite
pour démêler les écheveaux de la haine

il faudra refaire le voyage
quand l'avenir s'ouvrira
sur des vérités nouvelles

*sous haute surveillance*

ce ne sont plus les dents qui mordent
les fusils qui tuent
la mémoire qui oublie

mais une étrange valse
dansée par des aveugles
sur un parquet de nuages
coulés dans le béton

une folle course
entre de tristes amuseurs
soucieux de victoires passagères
et la fée de la mort

un égarement indicible
autrement qu'avec le sang

*Monte Perdido*

des volcans souterrains
de leurs strates invisibles
ont formé un lieu de mémoire

des fossiles sur des coussinets de lave
comme une statuaire érodée par le vent
en marquent les frontières

l'eau est trop rare ici
pour que l'on pleure

il a fallu partir
avant que la plaine brûlée
ne nous déchire les yeux

attends les intermittences
et les silences
peuplés d'images
sépia

tu verras
comme c'est long
un dimanche

quelqu'un toujours
peut venir
demander l'heure
supplier du regard
faire amende honorable

pas une dérive
tout juste un espoir

quelqu'un
peut toujours
venir

le sourire au bout des lèvres
tu penses
aux accidents du parcours
aux aléas sacrifiés
à la tournure des choses

une convoitise qui ressemble à l'attente
et empoisonne les lundis

ce n'est pas un pays
que l'on cherche à tâtons
quand le brouillard se lève
et que les cris se taisent

mais une terre ferme

des torses d'homme
bras mains et doigts
pointés vers nous

qui fuyons
affolés par le tumulte
trébuchant sur les ordures
encerclés d'arbres morts
les yeux fermés
et les mains gantées de sang

serions-nous coupables?

un black baudelaire
gesticule et gueule

je m'asseois
et le regarde
qui gueule et gesticule

nous parlons
d'angoisse

et il s'en va

un long manteau gris
pas tout à fait de saison
comme le sourire triste
et le pas hésitant

la fatigue de faire semblant d'aller quelque part
le désarroi de ne pas savoir où est le chemin
tout cela cloche avec le printemps
qui arrive

une nuit dans le parc
la fontaine aux couleurs vives
les mots comme des aiguilles
plantées dans les choses
qu'on voulait ignorer

reste à savoir
si les yeux fermés
demandent à voir

se désemparer de soi
sur le trottoir raviné
d'une rue familière
aller nulle part

un pas
devant
l'autre

alors que l'autre
c'était peut-être toi

d'enfargures en aplatitudes
se laisser tendre
une carte de visite
carte blanche
pour dire n'importe quoi

à toutes les poudres
préférer l'escampette

un montreur de misère
de lui-même emmiséré
miséreux monstrueux
montre du doigt son furoncle abouti
bouton de chair violacé
source séchée du pus
qui colle à sa joue

comme un cri
que l'on refuse d'entendre
à tout prix

la nuit
tombée de tout son long sur le jour
ne s'est pas relevée

ce ne sera plus jamais
ni le jour ni la nuit

jamais

# Table

# LA POÉSIE
## aux Éditions Triptyque

Albert, Michel. *Poèmes et autres baseballs*, 1999, 108 p.
Albert, Michel. *Souliers neufs sur les terres brûlées*, 2000, 73 p.
Arsenault, Anick. *Femmes de sous mon lit*, 2002, 88 p.
Berrouët-Oriol, Robert. *Lettres urbaines*, 1986, 88 p.
Bienvenue, Yvan. *Tout être*, 2002, 66 p.
Blo, Maggie. *Clémentine et Mars*, 2002, 76 p.
Boissé, Hélène. *Et autres infidélités*, 1990, 70 p.
Boissé, Hélène. *De l'étreinte*, 1995, 83 p.
Boissé, Hélène. *Silence à bout portant*, 1999, 86 p.
Bouchard, Reynald. *La poétite*, 1981, 78 p.
Bouchard, Reynald. *Chants d'amour au présent*, 1995, 52 p.
Caccia, Fulvio. *Irpinia*, 1983, 57 p.
Caccia, Fulvio. *Scirocco*, 1985, 64 p.
Caccia, Fulvio. *Lilas*, 1998, 83 p.
Campeau, Sylvain. *La Terre tourne encore*, 1993, 97 p.
Campeau, Sylvain. *Exhumation*, 1998, 104 p.
Campeau, Sylvain. *Les antipsaumes*, 2004, 71 p.
Cardinal, Diane. *L'amoureuse*, 1989, 80 p.
Cardinal, Diane. *Murs mouillés d'ombre*, 2002, s. p.
Chapdelaine Gagnon, Jean. Dans l'attente d'une aube, 1987, 71 p.
Chenard, Sylvie. *Chansons et chroniques de la baleine*, 1994, 103 p.
Clément, Michel. *Nekuia* ou *Le chant des morts*, 1987, 68 p.
Coppens, Patrick. *Enfants d'Hermès*, 1985, 64 p.
Coppens, Patrick. *Tombeaux et ricochets*, 1997, 70 p.
Corbeil, Marie-Claire. *Inlandsis* suivi de *Comment dire*, 2000, 117 p.
Côté, Michel. *Au commencement la lumière*, 2001, s. p.
Côté, Michel. *Le privilège de la rive*, 2004, 69 p.
Desnoyers, François. *Derrière le silence*, 1985, 108 p.
Des Rosiers, Joël. *Métropolis opéra*, 1987, 95 p.
Des Rosiers, Joël. *Tribu*, 1990, 110 p.

Des Rosiers, Joël. *Savanes*, 1993, 102 p.

Des Rosiers, Joël. *Vétiver*, 1999, 136 p.

Des Rosiers, Joël. *Métropolis opéra* suivi de *Tribu*, 2000, 192 p.

DesRuisseaux, Pierre. *Soliloques*, 1981, 88 p.

DesRuisseaux, Pierre. *Noms composés*, 1995, 104 p.

DesRuisseaux, Pierre (trad. de). *Contre-taille. Poèmes choisis de vingt-cinq auteurs canadiens-anglais*, éd. bilingue, 1996, 327 p.

DesRuisseaux, Pierre (trad. de). *Hymnes à la Grande Terre. Rythmes, chants et poèmes des Indiens d'Amérique du Nord-Est*, 1997, 265 p.

DesRuisseaux, Pierre (trad. de). *Co-incidences. Poètes anglo phones du Québec*, 2000, 278 p.

Dimanche, Thierry. *Le thé dehors*, 2002, 89 p.

Dudek, Louis (trad. P. DesRuisseaux). *Dudek, l'essentiel*, 1997, 239 p.

Dupuis, Jean-Philippe. *Attachement*, 1999, 76 p.

Dupuis, Jean-Philippe. *table de nuit*, 2004, 72 p.

Dupuis, Léon Guy. *Rebours*, 2002, 78 p.

Dyens, Ollivier. *Les bêtes*, 2003, 76 p.

Forest, Jean. *Des fleurs pour Harlequin !*, 1985, 129 p.

Fréchette, Jean-Marc. *Le corps de l'infini*, 1986, 135 p.

Fréchette, Jean-Marc. *La sagesse est assise à l'orée*, 1988, 52 p.

Gaudreau, Jean-Pierre. *Entre la lumière des saisons*, 2000, 70 p.

Georges, Claude. *Entière mémoire noyée*, 2001, 72 p.

Giguère, Richard. *Anthologie de la poésie des Cantons de l'Est au 20e siècle* (éd. bilingue), 1999, 247 p.

Girard, Cynthia. *Le Soleil et l'Électron*, 2004, 63 p.

Giroux, Robert. *L'œuf sans jaune*, 1982, 74 p.

Giroux, Robert. *Du fond redouté*, 1986, 72 p.

Giroux, Robert. *j'allume*, 1995, 55 p.

Giroux, Robert. *En mouvement*, 1998, 54 p.

Giroux, Robert. *Le miroir des mots*, 1999, s. p.

Giroux, Robert. *Gymnastique de la voix*, 2001, 64 p.

Giroux, Robert. *Soleil levant*, 2003, 64 p.

Giroux, Robert. *Soleil levant* précédé de *Gymnastique de la voix*, 2004, 117 p.

Gosselin, Yves. *Brescia*, 1987, 84 p.

Gosselin, Yves. *Connaissance de la mort*, 1988, 84 p.

Gousse, Edgard. *La sagesse de l'aube*, 1997, 69 p.

Guénette, Daniel. *Empiècements*, 1985, 96 p.

Guénette, Daniel. *Adieu*, 1996, 69 p.

Guilbeault, Daniel. *Le risque du bonheur*, 2002, 83 p.

Jalbert, Marthe. *Au beau fixe*, 1986, 50 p.

Jalbert, Marthe. *Le centre dissolu*, 1988, 50 p.

Ji, R. *Par la main du soleil*, 1981, 59 p.

Lafond, Guy. *Carnet de cendres*, 1992, 73 p.

Langevin, Gilbert. *Confidences aux gens de l'archipel*, 1993, 88 p.

Lanthier, Philip. *Anthologie de la poésie des Cantons de l'Est au 20e siècle* (éd. bilingue), 1999, 247 p.

LaRochelle, Luc. *Ni le jour, ni la nuit*, 2004, 79 p.

Larocque, Marie-Christine. *La main chaude*, 1983, 67 p.

Larocque, Marie-Christine. *Encore candi d'aimer*, 1991, s. p.

Layton, Irving. *Layton, l'essentiel* (trad. Michel Albert), 2001, 195 p.

Legendre De Koninck, Hélène. *Les racines de pierre*, 1992, 69 p.

Le Gris, Françoise. *Bali imaginaires*, 1993, 65 p.

Le Gris, Françoise. *Le cœur égyptien*, 1996, 133 p.

Lépine, Hélène. *Les déserts de Mour Avy*, 2000, s. p.

Louisseize, Caroline. *Le siège propre*, 2003, 96 p.

Malavoy-Racine, Tristan. *L'œil initial*, 2001, 67 p.

Malavoy-Racine, Tristan. *Les chambres noires*, 2003, 68 p.

Marquis, André. *À l'ère des dinosaures*, 1996, 76 p.

Marquis, André. *Cahiers d'actualité*, 1997, 107 p.

Marquis, André. *Anthologie de la poésie des Cantons de l'Est au 20e siècle* (éd. bilingue), 1999, 247 p.

Martin, Alexis. *Des humains qui bruissent*, 1999, 51 p.

Martin, Raymond. *Indigences*, 1983, s. p.

Martin, Raymond. *Qu'en carapaces de mes propres ailes*, 1987, 74 p.

Mistral, Christian. *Fontes. Poèmes et chansons*, 2004, 183 p.

Montpetit, Marie-Hélène. *40 singes-rubis*, 2002, 56 p.

Morrissey, Stephen. *La bête mystique* (trad. Élizabeth Robert), 2004, 101 p.
Nelligan, Émile. *Poésies (*éd. André Marquis), 1995, 303 p.
Parent, Mario. *Marcher sur les vagues*, 2000, 77 p.
Pavloff, Franck. *indienne d'exil*, 2001, 51 p.
Pelletier, Louise de gonzague. *Petites mélancolies*, 1989, 60 p.
Perreault, Guy. *Personne n'existe* suivi de *La mort des mouches*, 1999, 81 p.
Phelps, Anthony. *Orchidée nègre*, 1987, 107 p.
Poirier, Martin. *Les matins carnivores*, 2002, 77 p.
Poulin, Aline. *La viole d'Ingres*, 1991, 51 p.
Pourbaix, Joël. *Dans les plis de l'écriture*, 1987, 119 p.
Pourbaix, Joël. *Passage mexicain*, 1989, 78 p.
Renaud, Jacques. *Le cycle du scorpion*, 1979, 39 p.
Renaud, Jacques. *La nuit des temps*, 1984, 122 p.
Ricard, André. *Les baigneurs de Tadoussac*, 1993, 54 p.
Ross, Diane-Ischa. *Ces yeux mis pour des chaînes*, 2003, 70 p.
Roy, Bruno. *L'envers de l'éveil*, 1988, 88 p.
Saint-Germain, Monique. *Archipel*, 1991, 103 p.
Savard, Marie. *Poèmes et chansons*, 1992, 96 p.
Soudeyns, Maurice. *Poèmes au noir*, 1989, 70 p.
Soudeyns, Maurice. *Vrac et nuques*, 1999, 72 p.
Sylvestre, Robert. *L'accès au cœur*, 2001, 62 p.
Tardif, Maurice. *Autoportraits à la paille creuse*, 2001, 144 p.
Trépanier, Laurent. *La parole au noir*, 1998, 56 p.
Urquhart, Jane (trad. Nicole Côté). *Les petites fleurs de Madame de Montespan*, 2000, 98 p.
Vaillancourt, Marc. *Équation personnelle*, 1992, 94 p.
Vaillancourt, Marc. *Lignes de force*, 1994, 124 p.
Vaillancourt, Marc. *Les corps simples*, 1996, 102 p.
Vaillancourt, Marc. *Almageste*, 1998, 92 p.
Vaillancourt, Marc. *Amant alterna Camenæ*, 2000, 120 p.
Vaillancourt, Marc. *Les loisirs de Palamède*, 2003, 105 p.
Warren, Louise. *L'amant gris*, 1984, 88 p.
Warren, Louise. *Madeleine de janvier à septembre*, 1985, 52 p.
Warren, Louise. *Écrire la lumière*, 1986, 50 p.
Watteyne, Nathalie. *D'ici et d'ailleurs*, 2000, s. p.
Ysraël, Élie-Pierre. *Arcane seize*, 1980, 18 p.

AGMV Marquis
MEMBRE DE SCABRINI MEDIA
Québec, Canada
2004